DE L'EMPLOI

DE QUELQUES MOYENS

DE COLONISATION

A ALGER,

par M. Potrel, *Avocat-Général.*

Nancy. — Avril 1836.

DE L'EMPLOI

DE QUELQUES MOYENS

DE COLONISATION

à Alger.

———◦———

L'ABANDON d'Alger ne saurait plus être proposé ni supposé par personne : la France gardera la régence tant qu'un ennemi plus fort qu'elle ne parviendra pas à l'en chasser : voilà aujourd'hui le point de départ nécessaire de toute hypothèse sur l'avenir de ce pays.

Mais c'est aussi ce qui impose à la France le devoir d'employer à s'y maintenir et à s'y fortifier tous les moyens qu'une sage administration peut lui fournir ou lui permettre.

Cependant on dit que le gouvernement ne doit pas coloniser lui-même ; et l'on a raison, si l'on veut dire seulement, qu'il ne doit pas, comme seraient obligés de le faire de simples particuliers dont les capitaux se dirigeraient de ce côté, enrôler et prendre à sa solde des colons auxquels il serait tenu de fournir de l'autre côté des mers les moyens d'existence que dans la métropole ils se procuraient eux-mêmes par leur travail.

Mais il a d'autres moyens d'action et de colonisation que ceux-là. Dès à présent, et sans avoir besoin de chercher et de recruter à grands frais, il a sous sa main et à sa disposition une population considérable dont l'entretien dans l'état actuel des choses pèse déjà sur lui, et dont l'emploi sur le territoire d'Alger ne pourrait pas aggraver beaucoup les sacrifices qu'elle lui impose : je veux parler de celle contenue dans les établissemens de répression et dans ceux de bienfaisance publique.

On sait les avantages que des peuples anciens et modernes ont tirés de la déportation des condamnés dans des pays nouvellement découverts ou conquis. Sans doute on ne peut songer à faire de la régence un Botany-Bay ; mais il ne faut pas non plus se jeter dans un excès opposé et prétendre qu'on doit entièrement en bannir des agens, des instrumens qui ailleurs ont produit de si grands résultats. Les deys n'y avaient-ils pas établi des bagnes? les esclaves chrétiens n'y étaient-ils pas employés à des travaux publics? Et en présence de souvenirs aussi récens, je m'étonnais, il y a quelques jours, de recevoir de l'ingénieur chargé de diriger à Alger le service des ponts et chaussées, une lettre où il me dit : « J'arrive à Toulon ; je viens y demander 400 forçats » pour mes travaux du môle (1). »

Ce n'est pas seulement au service du génie et des constructions maritimes que pourraient être utilisés les forces et les bras des forçats : dans nos ports, d'autres destinations leur sont souvent données ; on les voit même occupés dans l'intérieur des villes, et quelquefois dans l'intérêt d'industries ou d'entreprises particulières. Mais dans d'autres contrées, et notamment dans les états mé-

(1) C'est cette lettre, en date du 22 mars dernier, et le fait qu'elle annonce qui ont amené cet écrit.

diterranés de l'Allemagne une variété plus grande s'est encore introduite dans le mode d'emploi des condamnés à des travaux d'utilité ou de salubrité publique. Pourquoi n'essaierait-on pas d'en faire autant à Alger? par quelle considération, par quel obstacle en pourrait-on être détourné ou empêché? Une population libre moins nombreuse qu'au sein d'un état européen, une moindre étendue de territoire habité et habitable, l'isolement de ce territoire au milieu des mers et de contrées inhospitalières, ne devraient-elles pas y rendre la surveillance plus facile et les évasions plus rares, en tous cas moins dangereuses pour le pays?

D'autres condamnés que ceux des bagnes, ceux qui subissent dans des maisons de force ou de correction des condamnations correctionnelles ou à la réclusion, pourraient aussi offrir de précieux élémens. En eux-mêmes les faits qui ont amené de telles condamnations sont loin de supposer toujours une altération profonde des sentimens moraux, et la conduite que tiennent généralement ceux qui les ont subies, à leur retour au sein de la société, prouve assez qu'il serait injuste de les confondre avec des forçats libérés. Soumis à des travaux moins durs et moins abrutissans, à une discipline moins âpre, à une contagion moins funeste, ils sont moins exposés à perdre ce qu'il peut y avoir de douceur naturelle dans leur caractère et dans leurs mœurs; ils se prêtent mieux à des habitudes de résignation et d'obéissance, ils reviennent plus aisément aux sentimens et aux idées d'ordre. Avec plus de sécurité et la possibilité de leur laisser à eux-mêmes plus de liberté, on trouverait parmi eux non-seulement des ouvriers de terrassement, mais des artisans de toutes les professions, familiarisés avec toutes les pratiques de l'agriculture et de l'industrie, propres même à cette main-d'œuvre de construction, de maçonnerie, de charpente, etc., etc., qui en Afrique surtout doit être si chère.

Craindrait-on qu'il ne fût pas permis de distraire ces condamnés des lieux d'expiation que leur ont assignés les art. 21 et 40 du code pénal et les condamnations prononcées en vertu de ces articles? Au besoin, une disposition législative, motivée surtout sur un fait nouveau, comme l'acquisition d'une possession qui ouvrirait un nouvel ordre de travaux, pourrait conférer au gouvernement le pouvoir de changer une destination qui tient moins, ce me semble, à l'essence même de la peine, qu'à des circonstances accessoires et purement réglémentaires de sa mise à exécution. Sans recourir à la puissance législative, le droit de grâce pourrait aussi intervenir ; indépendant et libre, il pourrait stipuler les conditions de son exercice et de ses bienfaits, il pourrait faire dépendre la remise immédiate ou éventuelle de la peine, du consentement à passer un temps quelconque de séjour et d'épreuve dans la colonie. Mais rien de tout cela ne me semble nécessaire : je ne puis croire que ce serait arbitrairement altérer, et moins encore aggraver la position de ces condamnés, que de leur offrir une existence en plein air, la jouissance de l'espace et du mouvement, en échange de la vie resserrée et contre nature qu'ils subissent dans la prison ; je le dirai même, c'est un désir d'amélioration de leur sort, c'est l'espérance de jeter peut-être ainsi dans l'avenir de notre législation répressive quelques germes d'adoucissement et de réforme, qui ont fait naître en moi les premières idées de ces aperçus (1).

On a vu aussi d'autres classes d'individus, les mendians, les vagabonds, les enfans trouvés, appelés à des œuvres de colonisation. Ces derniers surtout semblent plus spécialement propres à y être consacrés. C'est l'état qui, dès leurs premiers jours, a pourvu à tous leurs besoins ; c'est lui qui leur a tenu lieu de mère et de parens. Qui pourrait lui contester le droit de diriger vers un but d'intérêt général, ces existences dont il a seul fait tous les frais, supporté toutes les charges ?

Avec les dispositions ironiques et les préjugés tranchans de l'esprit français, on doit s'attendre à d'autres objections ; à s'entendre dire, par exemple : « Qu'il n'y a rien à faire avec de pareilles gens... » Et, dans la réalité, ces dédaigneux arrêts ont trop de crédit ; ils propagent trop aisément la défaveur et le découragement, pour qu'une voix obscure et inconnue puisse espérer en triompher avec les seules armes du raisonnement et de la discussion : il lui faut s'effacer elle-même et laisser parler de plus graves autorités.

---

(1) En 1832, j'ai adressé à MM. les ministres de la justice et des travaux publics, un mémoire où quelques-unes de ces questions étaient envisagées sous le rapport d'une réforme à opérer dans notre système pénal.

Dans une ordonnance de 1670, Louis XIV disait :
« Considérant combien la conservation des enfans trou-
» vés est avantageuse, puisque les uns peuvent devenir
» soldats, les autres ouvriers et habitans des colonies
» que nous établissons pour le commerce. »

M. de Tournon, pair de France, qui avait été
préfet de Rome, fut chargé, par l'un des ministres
de l'intérieur, sous la restauration, de faire un rapport sur une question qui touche intimement à celle-
ci, et dans ce rapport (1) on lit : « Qu'il me soit permis
» de rappeler un exemple de l'emploi des hommes à
» la charge de l'état, qui a été donné par un gouver-
» nement qu'on ne cite guère en fait d'améliorations
» et d'innovations. Sous le règne de Pie VI, le gou-
» vernement pontifical a fait dessécher et peupler un
» immense territoire situé près de Cornetto, au moyen
» des enfans trouvés et abandonnés ; et la colonie au-
» jourd'hui florissante de Monte-Romano, prouve que
» les bras oisifs ne sauraient être plus utilement employés
» qu'à la culture. »

C'est aussi avec des enfans trouvés qu'ont été en
partie fondées ces *colonies agricoles* et *forcées*, qui, en
Hollande et en Belgique, ont pris place au rang des institutions les plus utiles et les plus honorables du pays.
Depuis long-temps des écrivains recommandables (2)

(1) Rapport sur les colonies pour la répression de la mendicité,
inséré au tome 2, p. 623, de l'ouvrage de M. Alban de Villeneuve,
sur *le paupérisme*, etc.

(2) MM. de Morogues, Huerne de Pommeuse et A. de Villeneuve.

les signalent à l'attention et à l'imitation de la France,
et même un acte du gouvernement semblait annoncer
que nous ne tarderions pas à n'avoir rien, à cet égard,
à envier à nos voisins. En effet, une ordonnance du
6 novembre 1833 (Moniteur de ce jour), avait nommé
une commission de 14 membres pour préparer, sous
la présidence de M. le ministre du commerce,
le plan d'établissemens analogues pour la France.
Le travail de cette commission n'est pas encore connu ;
mais en tête de l'ordonnance est un rapport au roi,
signé d'un de nos hommes d'état les plus positifs, les
plus pratiques, de M. d'Argout, alors ministre
du commerce ; et les renseignemens qu'il présente
sur ces colonies agricoles, leur importance, leurs
élémens, la part pour laquelle les enfans trouvés y ont
concouru, etc. ; etc., sont trop précieux pour que je
puisse mieux faire que de les transcrire.

« Assurer le bien-être des classes souffrantes, cor-
» riger par le travail les mauvaises dispositions des
» hommes que la société est obligée de punir, rendre
» profitables à la prospérité de l'état, les sacrifices de
» la charité privée et de la bienfaisance publique,
» préparer à la fois les progrès de l'agriculture et un
» soulagement pour le trésor, ce sont là des vues dignes
» d'un gouvernement national.....

» De tous les plans en discussion pour y parvenir, il
» en est un qui se recommande par l'expérience : ce-
» lui des *colonies agricoles intérieures*, dont quelques
» nations étrangères ont donné l'exemple, et qui, en

» Hollande et en Belgique particulièrement, ont pris
» de grands développemens.

» Une société, fondée en 1818, acheta les bruyères de
» la Drenthe, y appela des familles pauvres, des enfans
» abandonnés, et en moins de deux ans, ces bruyères
» furent converties en plaines fécondes. En 1822,
» étaient réunis là, en ménages ou autrement, 2,500
» indigens, orphelins, enfans trouvés, outre une colonie
» forcée et de répression qui avait déjà rendu mille
» mendians au travail.....

» ...... La société contracta avec le gouvernement
» pour le placement de 4,000 orphelins, enfans trouvés
» ou abandonnés et pour 500 nouveaux ménages........
» ...... Aujourd'hui il y a 11 colonies en Hollande et
» 3 en Belgique : leur population réunie s'élève à 20,000.
» ...... Comme asile, comme correction, comme ré-
» pression, l'institution des colonies forcées offre à la
» société des garanties que les maisons de refuge et les
» prisons correctionnelles sont loin de lui présenter,
» sous les rapports moraux et matériels..... Il est temps
» d'examiner dans quelle forme l'imitation de ces ins-
» titutions peut être introduite en France.... Il ne s'a-
» git plus que de mesurer les moyens d'exécution aux
» différences du lieux, de temps, de gouvernement. »

Cette imitation peut aussi bien être tentée et se
réaliser en Afrique que dans l'intérieur de la France.
Il y a plus, dans son rapport, M. de Tournon
indiquait que les landes de la Bretagne et de la Gas-
cogne, généralement désignées pour le siége et la for-

mation de ces colonies, présentaient un sol trop sté-
rile, trop aride, trop rebelle à toute autre culture que
celle des plantations forestières, pour fournir du travail
et des moyens d'existence à une population nouvelle.
Il est bien possible, en effet, qu'au sein de notre vieille
France sillonnée depuis si long-temps par la charrue,
il ne soit pas facile de trouver place pour des colonies
intérieures proprement dites. Mais Alger qui est aussi
France aujourd'hui, Alger, que des expériences sur la
richesse et la profondeur de son sol végétal, attestent
être encore, au moins sur plusieurs points de son territoire, digne de son antique réputation de fécondité,
ouvre le champ le plus vaste à de semblables créations.
Et toutes choses égales d'ailleurs, une colonisation quelconque, opérée en Afrique par des mains françaises,
n'aurait-elle pas, sous les rapports politiques, militaires et
maritimes, d'autres avantages que toutes celles qu'on pourrait opérer dans l'intérieur de la France continentale (1)?

Pour revenir aux enfans trouvés, ce n'est pas assez
d'avoir, par les suppressions de tours, par les échanges
entre départemens, dont on a tant parlé, diminué
d'une manière plus ou moins sensible le nombre des
entrées aux hospices. Ce nombre sera toujours considérable ; et la bienfaisante sollicitude qui veille sur ces
malheureux doit aussi songer au moment de la sortie.

(1) M. de Villeneuve (t. 3, p. 570 de son ouvrage imprimé en 1834)
ne voit d'obstacle à l'emploi de ces moyens à Alger que l'incertitude
de la conservation. Mais, répétons-le, toute incertitude à cet égard doit

Tout en déclarant qu'ils sont à la disposition de l'état, le décret de 1811 affecte seulement au *service de la marine les enfans mâles âgés de douze ans;* et pour ceux même de ce sexe et de cet âge dont le ministre de ce département *n'aurait pas besoin*, comme pour tous ceux du sexe féminin, sa prévoyance ne va pas au-delà d'un *apprentissage chez des laboureurs ou artisans, chez des ménagères, couturières ou autres ouvrières;* mais aucune prévision ultérieure sur l'avenir de cet apprentissage, sur celui de l'enfant. Ainsi des jeunes gens, des jeunes filles, au moment de l'adolescence, sont jetés au milieu de la société, sans famille, sans lien qui les rattache à personne, à la merci de toutes les mauvaises chances de la vie, et comme dévoués par une telle destinée à des habitudes irrégulières, à des unions illégitimes dont les fruits viendront bientôt encombrer d'une génération nouvelle les asiles dont ils sont eux-mêmes sortis.

Un moyen qui apporterait quelque remède à ces lacunes de la législation, qui ouvrirait à toutes ces existences des voies nouvelles, plus salutaires, plus empreintes d'une action providentielle, qui éloignerait du sein de la France ces germes d'une fécondité funeste pour elle, et les reporterait dans des contrées où il n'y a qu'à gagner à la propagation du sang français, devrait, à tous ces titres, exciter à un haut degré l'intérêt de l'administration.

Quant aux moyens d'exécution, ils sont subordonnés à trop d'influences diverses, le choix entre les uns ou

les autres dépend de nuances trop légères, pour qu'on
puisse à l'instant même, loin des choses et des lieux,
en tracer d'une manière précise et rigoureuse le tableau.
De bonne foi, d'ailleurs, tout est ici dominé par une
considération qui se suffit à elle-même et qui répond à
tout; c'est que partout ailleurs, avec les mêmes élémens
que ceux dont la France peut disposer, on est parvenu
à fonder quelque chose : en Russie des colonies militaires,
en Angleterre des colonies pénales, en Angleterre encore comme en Hollande et en Belgique, des colonies
agricoles et forcées. Seuls ne pourrons-nous en tirer
aucun parti? ne saurons-nous que nous débattre et nous
plaindre sous le poids des charges qu'ils nous imposent?
N'y aura-t-il pas chez nous assez de tact, de sagacité,
pour saisir ce que nous pouvons emprunter à ces nom-
breux exemples que nous offrent nos voisins, à ces pro-
cédés divers qui, des mers du Sud aux bords du Rhin,
ont entre leurs mains produit de si merveilleux résultats?

« Sire, disait M. d'Argout en terminant son rapport,
» la prospérité matérielle des états, qui agit si puissam-
» ment sur l'amélioration morale des peuples, est en
» réalité le premier but de leur constitution, le premier
» devoir des gouvernemens. Depuis quarante ans, la révo-
» lution, l'empire, la restauration elle-même ont su
» doter la France d'institutions qui leur survivent. Il est
» digne de votre gouvernement de concentrer toute
» son activité sur les intérêts positifs du pays, et de ré-
» pondre aux détracteurs de notre glorieuse révolution
» par des prospérités dont ils jouiront eux-mêmes. »

Voilà de nobles paroles ; mais il ne faut pas s'arrêter là..... Il ne faut pas surtout s'arrêter à l'opinion qui semble s'accréditer aujourd'hui, et au nom de laquelle on voudrait bannir l'intervention du gouvernement de ces grandes entreprises qui, sous un caractère plus ou moins industriel, se lient souvent à des intérêts plus généraux encore et plus relevés. Napoléon comprenait autrement la mission de la puissance publique : et l'on peut voir, par exemple, dans la lettre qu'il écrivait à M. Cretet, son ministre de l'intérieur, (Revue Britannique, 1831), comment il établit que si l'esprit de la nation n'est pas tourné vers les entreprises de canalisation, l'État lui-même doit ouvrir les canaux, sauf ensuite à les vendre et à les livrer à la propriété privée. D'un autre côté, si une confiance trop exclusive dans l'action de la puissance militaire pouvait aussi susciter quelques adversaires à la *colonisation agricole et forcée* de la régence, qu'on se rappelle que Napoléon et Kléber avaient placé ce moyen au nombre de ceux que leur patriotisme et leur génie avaient conçus pour assurer la conservation de l'Égypte à la France (1).

(1) M. Larrey, expédition d'Egypte.